Shabdon Ki Thandai

Kalpana Gupta

BookLeaf Publishing
India | USA | UK

Made with ❤ on the BookLeaf Publishing Platform
www.bookleafpub.in
www.bookleafpub.com

Dedication

I dedicate it to God, for being the steady light behind every word.

And to you, dear reader—
may these pages bring you a little smile, a little clarity,
and a gentle reminder that even the smallest moments matter.

Preface

This book is made of small thoughts—
simple, quiet, and honest.

In the middle of busy days and noisy lives, we often miss the little feelings, the passing thoughts, and the things we secretly long for. These poems are about those moments. Nothing too heavy, nothing too complicated—just light words that stay with you for a while.

Some poems are meant to comfort you, some to gently motivate you, and some to remind you of the beauty hidden in everyday life. They are like short pauses... a breath in between everything.

There are also words of motivation—because no matter how difficult things get, there is always a reason to stand up again. And in between all of this, there is faith—faith in God, in ourselves, and in something greater that keeps us going.
I'm not here to teach, but to share. If even one poem makes you pause, reflect, or see things differently, this book has done its job.

" This is not a book to rush through. Read it slowly, pick any page, and let the words find their own place in you "

Acknowledgements

This book would not have been possible without the support of my sons Satvik and Shashwat.
I thank Lord Shree Krishn for the inspiration and clarity,

Finally, a sincere thank you to you, the reader—
your presence is what truly completes this work.

1. कल, आज और कल

कहते हैं दुनिया मतलब की, खुद इस दुनिया का हिस्सा हैं|
खुद अपने आप में खोये हुए कहते, ये कल का किस्सा है ||

सब अपने थे , सब प्यारे थे , एक दूजे के काम आते थे ,
थी परवाह एक दूसरे की , सब अपने कहलाते थे ||
एक चाय बहाना बनती थी, सब को साथ बिठाने का,
हलके फुल्के ठहाको से मन को हल्का कर जाने का ||

जो बातें ये सब करते हैं, वो भी तो ये सब भूल गए ,
वो भी इन सब का हिस्सा थे , अपनी गलती भी क़ुबूल करें ||
समय गया , सब बदल गया , हम समय की बातें करते हैं |
वो समय गया , हमने क्या किया, हम खाली यादें रखते हैं ||

कहने से कुछ नहीं बदलेगा, हम ही को तो ये करना है |
जो अच्छे लम्हे बीत गए, उनको फिर से भरना है ,
एक चाय का कप , यारो की गपशप , कुछ बड़ो की डाँट का तड़का हो |
पहले जैसी प्यारी दुनिया , स्मार्ट फ़ोन बस कड़का हो।

****

2. मैं नर हूं, तुम नारायण हो

तुम मुझमें हो, मैं तुझमें हूं, फिर अंतर क्या हम दोनों में |
मैं नर हूं, तुम नारायण हो, तुम शाश्वत हो, मैं कोने में ||

तुम में शामिल सारी सृष्टि, मैं सृष्टि का एक हिस्सा हूं |
तुम वेदो के हो, पार प्रभु ,मैं छोटा सा एक किस्सा हूं ||

ये ब्रह्माण्ड तुम्हारा है, तुम ही ब्रह्माण्ड के तारे हो |
तुम निराकार, साकार तुम्ही, हमें सभी रूप में प्यारे हो ||

इसी ब्रह्माण्ड के, छोटे से, धरती गृह के हम प्राणी हैं |
हर श्वास मे प्राण भारी तुमने, जीवन जीने को पानी है ||
फल दिए हैं भूख मिटाने को, सुख पाने को प्रकृति सुहानी है |
रहने को धरती सारी है, नदियाँ, पर्वत फुलवारी है||
पर विद्ध्वंस पर जुट गई, अब संतान तुम्हारी है ||

नीले नीले गगन पे तुमने, रुई से बादल भेजे थे |
फूलों की खुशबू से भर कर, माँ प्रकृति के आंचल भेजे थे ||
सूरज की पहली किरणों का, ये धरती स्वागत करती थी,
एक लोटा जल की धार प्रभु, सूर्य नमस्कार करती थी ||

अब मनुष्य बड़ा व्यवहारिक है, अपने मतलब पूरे करता है;
इंसान तो छोटी बात प्रभु, तुमसे भी सौदा करता है!

कुछ कोमल निश्चल प्राणी हैं, जो प्रेम तुम्ही से करते हैं |
इस छल कपट की दुनिया में वो, भोले भाले फंसते हैं ||

हे महाप्राण, हे महाप्रभु !! कुछ उनका निस्तार करो |
आ जाओ हे नाथ मेरे, उन सबका उद्धार करो ||

एक आस तुम्ही से है उनकी, करुणा कर अब कुछ दया करो |
तज कर अपना विराट स्वरूप, फिर प्रेम रूप में आन मिलो ||

****

3. नारी और प्रकृति

कुछ ना करना , खाली रहना , ये कैसे बर्दाश्त करू |
मैं , मैं हूँ , मुझमे शक्ति है, ऐसे कैसे निष्प्राण रहूँ ||

वो कहते हैं, वो सब कुछ हैं , मैं बस खाली परछाईं हूँ |
कैसे मुझमे कोई बात नहीं, मैं भी उसी दुनिया से आयी हूँ ||

भगवान् ने बुद्धि सबको दी, फिर नर नारी में भेद कहाँ ,
नारी को शूद्र बता डाला, ऐसा लिखा वो वेद कहाँ ||

नारी शक्ति का रूप यहाँ, शक्ति प्रकृति का रूप यहाँ,
ना नारी बिना रह सकते हैं, ना प्रकृति बिना जी सकते हैं||
फिर भी उसको अपमानित करना अपना अधिकार समझते हैं ||

इस कृतघ्न समाज की बेशर्मी नारी और प्रकृति ने झेली है ,
इनके झूठे अभिमानों की थाली भी हंस के ले ली है ||

नारी को अज्ञानी कहके जो आज मज़ाक उड़ाते हैं
उनसे कह दो, वो रुक जाएं वो शक्ति अपनी ही गवाते हैं
जिस दिन ये रूप रौद्र हुआ , एक तिनका ना बच पायेगा,

शक्ति ने शक्ति दिखला दी तो महाप्रलय आ जायेगा ||

****

4. सफलता की चाह

मुश्किलें तो हैं बहुत, पर कुछ कर दिखाना है,
बहुत है ज़िंदगी छोटी, ये तो सिर्फ एक बहाना है ||

एक पल में ही पूरी ज़िंदगी का फल मिल जाता है,
जब सोचा हुआ कोई अरमान सफलता पाता है |
अभी तो तपना है मुझको बहुत,
क्योंकि तप कर ही सोना खरा हो पता है ||

है शुक्रिया उस खुदा का, जिसने जहाँ बनाया,
सौ करोड़ लोगों में से इतना कुछ मेरे हिस्से में आया |

चाह तो बहुत है मंज़िल को पाने की,
हिम्मत भी बहुत है खुद को आज़माने की |
पर कभी-कभी लगता है डर,
"ना हो पाई सफल अगर" ?

लेकिन फिर भी मन में है विश्वास,
कुछ कर गुज़रने का है एहसास ||

उसी उम्मीद में चल रही हूँ मैं,

कि एक दिन, मंज़िल मिलेगी ज़रूर
और विश्वास भी है ये मन में कि,
मंज़िल पाकर कभी भी, ना आएगा गुरुर ||

5. साक्षात्कार

पेड़, पहाड़ ये पौधे सारे , धरती गगन चाँद सितारे |
पावस नदिया सब जड़ चेतन , ये मानव और मानव का मन ||

किसने बनाया कौन है वो
कौन है वो, कौन है वो?

कहते हैं सब अकुलाए से, रहते हैं सब पगलाए से |
सदा खोजते रहते हैं, मंदिर व तीर्थ स्थानो में ||

नहीं कभी भी ढूंढते,
अपने ही मन के खानों में ||

वो तो एक ऐसी शक्ति है, जो सारे संसार में बसती है |
राजा हो या हो रंक कोई, सबकी किस्मत वो लिखती है ||

श्रद्धा के बस, दो सुमन मांगकर, सारी खुशियाँ दे देती है |
कलयुग के कृतघ्न मानवों पर भी, करुणामय होकर गिरती है ||

लेकिन कलयुग के लोगों का ईमान बना है अब पैसा,
धर्म है पैसा, कर्म है पैसा, भगवान बना है अब पैसा !

लोग नाम के लोभ में ही बस, धर्म की कसमें खाते हैं,
धर्म की परिभाषा भूलकर अपना रोब दिखाते हैं |
अपनी ही शोहरत के खातिर दस-दस मंदिर बनवाते हैं,
भक्ति नहीं, वो शक्ति को अपनी शक्ति दिखलाते हैं ||

ऐ कलयुग के ठेकेदारों ! व्यापार धर्म का छोड़ दो |
इस कृतघ्नता की राह से, अपने कदमों को मोड़ दो ||

वो शक्ति करुणा देती है केवल भक्तों के जीवन में|
पर काँटे ही भर देती है दुष्टों के तन मन में ||

इसलिए ऐ लोगो तुम, अपनी शक्ति दिखलाओ मगर
शोहरत भी सही, दौलत भी सही कुछ पुण्य भी कमाओ मगर ||

तभी तुम्हें मायानगरी से छुटकारा मिल पाएगा,
उस शक्ति से सच, तुम्हारा **साक्षात्कार** हो जाएगा !

****

6. कृष्ण-गोपी संवाद

जब कृष्ण वृंदावन छोड़कर मथुरा जा रहे हैं तब गोपियाँ, श्री कृष्ण से कहती हैं..

"हे माधव! क्यों जाना है?" तनिक हमें बतलाओ तो |
कौन सा कर्तव्य पुकार रहा, ज़रा हमें समझाओ तो" ||

कृष्ण:
" हैं मात पिता बंदीगृह में, नाना पर संकट भारी है |
बरसों से दुःख को सहती प्रजा, आज बहुत दुखियारी है||"

"है समय मेरा अब जाने का, अपना कर्तव्य निभाने का |
ऐ सखी ! मुझे अब जाने दो, डूबा हुआ मथुरा का सूरज, फिर से मुझे उगाने दो" ||

गोपियां :
"तुम बिन सांसे कैसे लेंगे? हम कैसे उमर गुजारेंगे |
हम गोपी क्या, वृन्दावन के, ये कुंज भी तुम्हें पुकारेंगे" ||
"वृन्दावन सूना हो जाएगा, जब साथ तुम्हारा ना होगा |
क्यों पुष्प खिलेंगे डाली पर ? जब कृष्ण यहाँ पर न होगा" ||

"सोचो तो मैया के बारे में, बाबा कैसे जी पावेंगे?
ग्वाल बाल सब साथ जो खेले, जीतेजी मर जावेंगे" !
कौन मटकियाँ तोड़ेगा फिर,माखन कौन चुराएगा?
गर फिर से इंद्र जो रूठ गए, गोवर्धन कौन उठाएगा?

कृष्ण:

आँखे देखो सखियों मेरी, ये अश्रु ही तुम्हें बताएंगे।
क्या है गोकुल मेरे लिए, बिन बोले ही कह जायेंगे!
ना माँ होगी, ना बाबा वहाँ, ना गोप ग्वाल मन बहलाने को।
ना सखी-सहेली पास कोई, ना माखन होगा खाने को॥

हर पल ये दिल तड़पेगा वहां, वापस गोकुल में आने को।
फिर कुंज गली में फिरने को,फिर तुम सबको सताने को॥
मैं कहूँगा किससे ये बातें, जो आज तुम्हें बतलाता हूँ।
ना जाने कैसे रहूंगा वहां, ये सोच के मैं भी घबराता हूँ॥

पर सखी ज़रा ये सोचो तुम,इतना दुर्बल कैसे हो मन।
जो आज भावना भारी हुई, तो निश्चित हार हमारी हुई !
अधर्म जीत तब जायेगा, तो सत्य कहां रह पायेगा?
इसलिए सखी मुझे जाने दो,अब ना समय गवाने दो॥

गोपिया:

हे कृष्ण, क्या नहीं तुम भूल रहे ? राधा से मिलना बाकी है,
ना जाने वह जीवित है या, बस प्राण निकलना बाकी है !

कृष्ण:

हे सखी! ना ऐसा बोलो तुम,कितनी मेरी परीक्षा लोगी।

राधे में प्राण बसे मेरे, वो मिलने आती ही होगी ||

जाते-जाते ये आखिरी बात आज यहां कह जाता हूं,
ये ब्रज, ब्रज की गलियाँ, गोप ग्वाल और तुम सब सखियाँ |
यमुना, खेल- खिलोने, माखन के बिलौने ||
सबका प्यार; माँ बाबा का दुलार,
ये सब साथ के लिए जाता हूं||
और फिर यहीं दोहराता हूं.

मैं वृन्दावन का, वृन्दावन मेरो धाम |
हर जगह मुझे तुम पाओगी,जब लोगी मेरा नाम ||

****

7. आज़ादी

कण-कण में त्राण समाया था, घनघोर अँधेरा छाया था |
दासता की बेड़ियों में, मानव घबराया था ||

अपमान अराजकता फैली थी, पावन भारत की धरती पर,
अंग्रेज़ हुकूमत बैठी थी, भारत माता की छाती पर |
थी खून से लथपथ वो काया, जो ख़िलाफ आवाज़ उठाती थी,
मिलती थी उसको घोर सजा, बंदूकें चिल्लाती थी ||

पर कब तक पाप चढ़ा रहता?
एक दिन तो सवेरा आना था |
वीरो ने तय कर ही लिया था,
दिल्ली में झंडा लहराना था ||

खून बहे, जुलूस निकले, नारे प्रदर्शन खूब हुए,
भारत के जज्बे के आगे, अंग्रेज बड़ा मजबूर हुए !
अत्याचारों का तिमिर डूबा, वो दिन बड़ा ही सुहाना था,
अगस्त माह की पंद्रह तारीख को, आखिर एक दिन तो आना था ||

आज़ादी पाई थी हमने, सन् उन्नीस सौ सैंतालीस में,
भारत ने पीछे देखा नहीं, अब अन्न भरा हर थाली में |

भारत आगे बढ़ता जाता , ये गर्व है सारी धरती का,
है विश्वगुरु भारत अपना, पर्याय है ये उन्नति का ||

****

8. मेरे पापा

संघर्ष भरा उनका जीवन,
फिर भी नहीं किंचित चिन्तित मन |
"जो आज है उसकी कदर करो,
तो होगा भविष्य तुम्हारा सुन्दर" ||

ऐसा हमको सिखलाते हैं,
मेरे पापा रिश्ते खूब निभाते हैं !

अतिथि - सत्कार कोई इनसे सीखे,
जेब में भले कुछ ना हो, पर कोई भूखा ना लौटे |
चाचा-चाची, मामा-मामी, बुआ, दादी,
सारे रिश्तों की कदर समझाते हैं,
मेरे पापा रिश्ते खूब निभाते हैं ||

खुद के लिए टहलना, पहाड़ समझते हैं,
लेकिन कोई काम आ जाए, तो सुबह से शाम तक खड़े रहते हैं |
मीठे से परहेज़ हो नहीं सकता,
चुपके से जलेबी और कोल्ड ड्रिंक उड़ाते हैं ||
मेरे पापा रिश्ते खूब निभाते हैं!

किसी का बुरा सोच नहीं सकते,
गलत होते देख नहीं सकते |
Matter चाहे किसी का भी हो,
सुलझाने पहुंच जाते हैं ||
मेरे पापा रिश्ते खूब निभाते हैं!

हम बच्चों को आगे बढ़ता देख,
फूलें ना समाते हैं |
मेरी कविता को Whatsaap पर शेयर कर,
खुशी से बताते हैं ||
मेरे पापा रिश्ते खूब निभाते हैं ||

भले ही तन से रोगी हैं,
पर मन के हमेशा राजा हैं |
कोई पिछले जन्म का कर्ज़ था,
जो संघर्ष में जीवन त्यागा है ||

पर आज उनके नाम से हम पहचाने जाते हैं,
क्योंकि, मेरे पापा रिश्ते खूब निभाते हैं ||

आज आपके बच्चे सफल हैं तो,
वो आपके आशीर्वाद से हैं |
हर पल दूसरों का भला किया,
सब उसी के पुण्य प्रताप से है ||

बस मम्मी को घुमाने नहीं ले जाते हैं ,

मेरे पापा ! रिश्ते खूब निभाते हैं ||

****

9. खुद से मिलिए

मुझसे मिलना है तो मेरे घर आओ,
facebook पे नहीं मिलती मैं |
चलो कुछ गपशप करते हैं,
चैटिंग नहीं करती मैं ||

वैसे तो ये स्मार्टफोन बहुत बढ़िया है,
पर लगता नहीं, इस छोटे से rectangle ने लगा दी हमें हथकड़ियां हैं
?
जिसको देखो वो बीते दिनों की बातें करता है,
पहले ऐसा होता था, वैसा होता था,
यही कहते फिरता है ||

चलो उन बीते दिनों में जीना शुरू करते हैं,
शाम की चाय पर मिलते हैं।
एक कड़क चाय और गरमा गरम समोसे,
बाकी सब राम भरोसे ||

लेकिन फोन छोड़ के आना पड़ेगा,
तभी तो बातों का किस्सा खुलेगा ||
वरना वाईफाई या डेटा चलता रहेगा,

और कॉल का रिंगटोन भी बजता रहेगा ||

कभी कभी तो खुद से मिलिए,
पहली दुनिया की बातें नहीं; उसमें चलिए |
माँ पापा के पास बैठकर कुछ पंचायत करिए,
कुछ उनकी सुनिए, कुछ अपनी कहिए ||

भाई बहनो से बचपन जैसे मिलिये,
बिना कुछ छुपाए दिल की बातें करिए ||
दावा है!! यह BP, Pulse सब normal हो जाएगा।,
Cholestrol-volestrol सब good fat बन जाएगा ||

तो चलो करते हैं कुछ शामें अपनों के नाम पे,
बस छोड़ के मोबाइल, कुछ देर तो जिएं ||

****

10. हम

कुछ नहीं था मेरा जीवन,
बस मैं और मेरा तन्हा सा मन |
नीरस सी जिंदगी चली जा रही थी,
और संग में मुझे भी लिए जा रही थी ||

सूखे पत्ते की तरह हवा में उड़ी थी ,
ना दिशा थी, ना मंजिल मौन खड़ी थी ||

कहती भी क्या?
मुझे जो दिख रहा था, वही सच माना |
इस बेरुखी जिंदगी को जीकर,
एक दिन वापस था जाना ||

मुझे तो अपना जीवन नीरस ही दिखा था,
लेकिन विधाता ने तो शायद कुछ और लिखा था ||

इसलिए मेरी इस सुनी ज़िंदगी में तुम आए,
तन्हाईयों के काले पर्दे हटाए |
तुमसे मिलके मेरा जीवन बदल गया,
मुझे तो जीने का मकसद मिल गया ||

तुम्हें पाकर मैंने खुद को पाया,
जब पहली बार तुमने मुझे गले से लगाया |
यूँ लगा जैसे तुम्हें सिमट जाऊँ,
अब यहाँ से कहीं ना जाऊँ ||

उस खुदा ने किया इशारा , तुमने दिया सहारा |
सब कुछ पा लिया मैंने, चमका किस्मत का सितारा ||

अब मैं और तुम, **हम** बन गये,
हमारे प्यार के हजारो दीप जल गये ||
अब जीवन भर तुम्हारा साथ निभाना है,
तुम्हारी हर ख़ुशी, हर गम को अपना बनाना है ||

****

11. सच्चा दोस्त

एक सच्चा दोस्त जिसके करीब होता है,
वो बड़ा कुशनसीब होता है |
वैसे तो सैकड़ों लोग मिलते हैं, दोस्ती के लिए,
लेकनी कोई एक अपना नसीब होता है ||

जब हमारी जिंदगी में कोई ऐसा आ जाता है,
जो हमें हमारी गलतियों का अहसास कराता है |
हमें हमेशा सच्ची राह दिखती है,
हर राह के काटो से हमे अवगत कराता है ||

ऐसा एक साथी, जिसके पास होता है,
उसे हर कदम पर सफलता का एहसास होता है ||

ऐ खुदा ! ऐसा एक दोस्त मेरी जिंदगी में भी आये,
जो मुझे समझे और मेरी गलतियों से मुझे आगाह कराए |
हर कदम पे वो मेरा और मैं उसका साथ दूँ,
बिना किसी स्वार्थ के दोस्ती को अंजाम दूँ ||

हमारी दोस्ती बेमिसाल हो |

हमें हमेशा एक दूसरे का ख्याल हो ||

****

12. भ्रम

दिखता है ये शहर कितना शांत यहाँ से,
दिखती है हर जगह एकांत यहाँ से |
ना है कोई राहें, ना कोई सड़क गई,
ठहरी हुई जमीन, इमारात को सह रही ||

आसमान की छाँव के नीचे है हरे पेड़,
आज पेड़ो के ऊपर चिड़िया है गा रही |
सूरज चमक रहा गर्मी के लिए हुए,
पर ठंडी हवा के झोंके भी हैं यहीं कहीं ||

हर जगह है खुदा के कुदरत की इनायतें,
सब यूँ ही आसान लगे, यही हैं चाहते ||

जो कुछ भी दिख रहा है, वो सच नहीं मगर,
आसां दिखती है, पर है कठिन डगर |
जाओ जो पास तो हलचल है बस वहां,
रास्ते हैं, मुसाफिर है और चलती है गाड़िया ||

हर शख्स भागता है मंजिल की चाह में,
हर कोई चलता है वक़्त की पनाह में ||

जो दूर से लगा था, वो बस भरम ही था,
सच्चाई तो यही है जो सामने खड़ा |
खुद वक़्त सिखाता है वक़्त से सामना,
इसलिए ज़रूरी है सच्चाई को जानना ||

मुझे भ्रम है जैसे है लोग भी यहाँ,
दिखते हैं वे मासूम, होते हैं जाने क्या |
झूठ और कपट है जिसमें भरा हुआ,
दूर ही रहना तो उससे है भला ||

आँखें जो करके बंद, सोचो कि सब है ठीक,
आने वाली मुसीबत को पड़ता है फर्क क्या?
आँखें न बंद करो, सब देख जान लो,
अच्छा, बुरा, भला है क्या अब पहचान लो ||

निकला जो वक़्त हाथ से, वापस न आएगा,
जो छीन गया अगर कुछ, वापस न पाएगा |
ईश्वर ने तन दिया है कुछ नेक करने को,
अन्याय मत करो, और ना ही तुम सहो ||

सच्चाई के रास्ते पर कांटे हज़ार हैं,
पर आखिर में मिलता, मंज़िल का हार है ||

जब करके आँखें बंद, जाओगे जहाँ से,
अच्छाई ही होगी जो पहुँचेगी वहाँ पे |
जहाँ से दिखेगी, फिर से दुनिया हरी भरी,

न होगा कोई दुख, न मुश्किल खड़ी ||

****

13. सुख और दुख

जब थका हुआ हो अंतर्मन, उत्साह विहीन हो जब जीवन |
जब सूरज उगे ,या अस्त रहे , जब बोझिल हो जाए हर दिन ||

जब पल-पल दिल सुलगता हो, जब समय रुका सा लगता हो |
जब अपना कोई ना दिखता हो, जब खुद से ही डर लगता हो !

जब डर का तिमिर फैल जाए, जब राह कोई ना नज़र आए |
जब अपना कोई पास ना हो, जब सुख की कोई आस ना हो ||

ये वही समय है, जीवन का, जब बदलाव ज़रूरी है |
तपने को तुम तैयार रहो, अब जलना मजबूरी है !

पर ये जलना अद्भुत होगा, इस जलने से तुम निखरोगे |
कंचन होगी मन की काया, हर एक क्षण में ही बदलोगे ||

जीवन कोई दिन या साल नहीं, कोई नाज़ुक सा बाल नहीं |
यह वो प्रचंड मजबूत रस्सी है,जिसकी कोई मिसाल नहीं ||

कोई और सहारा मत ढूंढो, खुद को खुद में मजबूत करो |
वर्तमान के पार देख कर, कर्मयोगी बनकर उभरो ||

फल की चिंता को तज कर, अपने कर्मों को बलवान करो |
जीवन को योद्धा सा जीकर, कुल का अपने समान करो ||

जब अपने कर्मों से हर दिन, सपनों के बाग को सींचोगे |
तब समय का पहिया बदलेगा, तुम भी बदलाव को देखोगे ||

एक दिन वो सुख भी पा लोगे, जिसके पीछे दौड़े हो तुम |
है आत्मशक्ति अत्यंत विशाल, उसका वैभव तुम देखोगे ||

कोई दुख जीवन से बड़ा नहीं, जीवन एक सतत कहानी है |
उस परम पिता परमेश्वर की, जब बातें हमने मानी हैं ||
वह स्वयं रक्षक बन जाता है, खोया सम्मान दिलाता है |
जो कुछ भी खोया पूर्व में हमने, दुगना करके लौटाता है ||

****

14. सफ़र

गमों से भरी हो अगर ज़िंदगी,
तो मुस्कान कहाँ से लाऊँ?
ख़ुशी के झूठे पर्दों के पीछे अपने,
गमों को कैसे छुपाऊँ ||

जब बेमन से मुस्कुराना पड़ता है,
तो मेरा अंतर्मन खुद मुझसे लड़ता है |
उसका स्वाभिमान बिखरने लगता है,
और वो भी दुखी होकर आँखों में सागर भरता है ||

आँखों के खारे पानी की तरह,
मेरा मन भी खारा हो रहा है |
ऐसा लगता है जैसे इस सब में मेरा,
अस्तित्व कहीं खो रहा है ||

जब सफर की शुरुआत की थी,
तब भी कठिनाइयाँ थी, संघर्ष था |
पर मेरे मन में उमंगे व हर्ष था,
लेकिन आज; सफर भी है, संघर्ष भी है,
लेकिन वो हर्ष जाने कहाँ चला गया है,

और अपने संग उमंगों को भी ले गया है ||

सफ़र है, मंज़िल है, लेकिन राहों का पता नहीं।
कहते हैं, मन में ख़ुशी हो और साथ में हमसफ़र हो,
तो मंज़िल आसान हो जाती है ||
लेकिन मेरी किस्मत इतनी अच्छी नहीं,
यहाँ मन में दुखों का सागर है और तन्हाई भरी।
सुनसान राहें हैं, जहाँ मेरी आँखें सिर्फ़ मुझे ही पाती हैं ||

बस निकल पड़ी हूँ अकेले, अपने मंज़िल की तलाश में,
कोई साथ नहीं तो क्या हुआ, भगवान तो है मेरे साथ में,
अब बस इनपर ही मेरा विश्वास है।
अर्जुन के पास जैसे श्रीकृष्ण थे,
वैसे ये ही मेरी आस हैं।

बस मेरी मंज़िल मिल जाए मुझे,
तो वो हर्ष, उमंगें और खुशियाँ,
सब ख़ुद ही ढूँढ लेंगे मुझे ||

****

15. लहर

ज़िन्दगी एक तूफ़ान है,
सौ लहरों का उफ़ान है।
मंज़िलें फैली हुई,
भागता इंसान है।

भागते हैं सब यहाँ मंज़िल की चाह में,
मन की लहरों का यहाँ कोई तो निशान है।
थम-सी जाती है लहर, जब लगती है ठेस कोई,
पत्थरों की दुनिया में, बाकी कहाँ भगवान है।

मान के जिसको ख़ुदा हमने पूजा उम्र भर,
आज उसी ने ही हमें कर दिया हैरान है।
ख़ुद की कोशिश पर क्यों हँसी मुझको आने लगी?
आज लगता है कि, क्या इतने हम नादान हैं!

****

16. A Girl with Dreams

A small girl of a middle class family, who had lots of dreams but didn't know how to reach there.
when she grew up, she learned that path of deep study can take her there. She started doing that, full focus and with all her efforts. Long hours with books and pen kept her busy and she was unaware that she has to learn how to deal with this world also. Some thoughts of her for her parents:

बचपन से बस ये सीखा था, जीवन में आगे बढ़ना है,
किसी और से मतलब न रख के खुद को ही बस गढ़ना है||

"सीधी राह पकड़ के बस अपने मकसद को देखो तुम,
जो गलत में समय बिताते हैं, उनसे बस दूरी रखो तुम||
कुछ गलत किया तो खुद समझो हम मदद को भी न आएंगे,
हां सही अगर हो तो हर कदम पे, रस्ता तुम्हे बताएँगे || "

इस डर से कितने सारे सच, कभी बता ना पाए थे,
कुछ बाते छुपा लीं और कुछ से तो लड़ आये थे ||

पढ़ना सीखा, लिखना सीखा, पढ़ लिख के अफसर बन बैठे ,
जो पीठ में छुरा भोके, उनसे बचना ना सीख सके ,
दुनियादारी सीखी ही नहीं, तभी तो धोखा खा बैठे||

तुम गर न डराते और ये कहते, कुछ गलत हुआ तो हमे बताना, उसे उठा के फेकेंगे
तुम सही राह पे चलते रहो, हम तुम्हे बचाने लौटेंगे ||

संस्कार के साथ सीखा देते, मुँह तोड़ जवाब जो देना तुम |
हम आज कुछ और ही नज़र आते , ना पड़ता तुमको रोना तब |

किस्मत को दोष न देना अब, क्योकि अब वक़्त है बीत गया,
अगली पीढ़ी को समझा देना, जो कुछ था मुझसे छीन लिया||

****

17. नेताजी बोस के प्रति

मानवता थी जंजीरों में, स्याही की चंद लकीरों में |
था स्वार्थ हर जगह बसा हुआ, मानव था उसमें फसा हुआ ||

उसी समय तुम आए थे ,नवजीवन को तुम लाए थे ||

बन गया ओडिशा तीर्थ स्थल, भारत माता के नेत्र सजल |
तुमसे न देखे गए एक पल, संघर्ष किया तुमने प्रतिपल ||

साहस, बल, विश्वास अटल |
स्वाधीनता का विश्वास सकल ||

एक अवतारी पुरुष थे तुम, भारत की पावन धरती पर |
तुम राम तो थे, पर अवध नहीं था, हिंसा और स्वार्थ की बस्ती पर ||

अब राजनीति व्यापार बनी |
सुख साधन का आधार बनी ||

तुमने देखे थे ख्वाब कई ,भारत को उच्च बनाने के |
पर आज यहाँ हैं विचार कई, देश बेच के खाने के||

तुम जहाँ भी हो फिर आ जाओ, भारत को अवध बना जाओ |
हे कलयुग के रामचंद्र, फिर रामराज्य को ले आओ ||

****

18. सपने

हम देखते हैं ज़िंदगी में सैकड़ों सपने,
जो पूरे होते हैं, वो बन जाते हैं अपने |
देते हैं खुशियाँ, लाते हैं प्यार,
जब सपने होते हैं साकार ||

ज़िंदगी खुशियों का पर्याय बन जाती है,
हर सुबह आशा की नई किरण जगाती है |
जब दिल में अरमान होते हैं, तब हम सपने सजाते हैं,
उनके पूरे होने की उम्मीद लगाते हैं

लेकिन सपने जल्दी पूरे होते कहाँ हैं,
जो कल यहाँ थे, आज ना जाने कहाँ हैं |
जितनी खुशियाँ लेकर आते हैं,
उसके दुगने गम दे जाते हैं ||

सब जानते हैं इस बात को,
सब पहचानते हैं सपनों की रात को |
फिर भी सब सपने सजाते हैं,
उनके पूरे होने की उम्मीद लगाते हैं ||

क्योंकि सपने ही हमें रास्ता दिखाते हैं,
मंजिल तक पहुँचने की हिम्मत बाँधते हैं |

सपने तो आशाओं का सूरज है,
दुखों की झील में उम्मीद का नीरज हैं |
काश सभी के सपने पूरे हो जाएँ,
सभी उम्मीद की लहरों को उनका साहिल मिल जाए ||

****

19. घर वापसी

कितना, कितना आखिर कितना, कितना पैसा कमाओगे तुम,
कितनी, कितनी आखिर कितनी, चीजें खरीद के लाओगे तुम |

क्या है कोई भी अंत इसका; क्या नाम नहीं अनंत इसका ||
इस दौड़ की कोई मंज़िल है क्या, इस सफर का कोई सिकंदर है क्या |

जो जो इस दौड़ में आया है, मन उसका न भर पाया है |
उसके आगे कितने भागे, ये भी कोई जान न पाया है ||

ज़रा थम जाओ, ज़रा रुक जाओ; कुछ देर शिथिल मन से बैठो |
झाँको थोड़ा अपने अंदर, और शांत हृदय से कुछ सोचो ||

ये नहीं हमें वो सब देगा, जिस लिए धरा पर आये हैं |
उस परम शक्ति से जाने कितनी दूर हम चले आए हैं ||

मानुष तन पाकर अवसर पाया, वापस घर को जाने का,
क्यों इसे बिता रहे व्यर्थ में ही तुम, मत इंतज़ाम करो फिर आने का ||

उस देश में परम शांति व्यापित, उस प्रेम को पाने की सोचो ||
कुछ रहो इस तरह धरती पे, वापस घर जाने की सोचो ||

20. आत्मशक्ति

तुम माता की शक्ति का अंश, तुमसे रौशन होते दो वंश।
तुम खुद ही खुद में सक्षम हो, तुम आत्मविश्वास का परचम हो।।
तुम शक्ति का अपार समुद्र, सहनशीलता की पराकाष्ठा।
तुम ही काली की बेटी हो, तुम ही हो करुणामयी राधा।।

लक्ष्मीबाई के रूप में तुमने, दुष्टों का रक्त बहाया था।
बनके सावित्री फुले तुमने, शिक्षा का दीप जलाए था।।
जब बनी आंच मर्यादा पे, तुम पद्मावती बन आई थी।
खुद को अग्नि में सौंप के तुमने, आत्मसम्मान की ज्योति जलाई थी।।

क्यों खुद को तुमने बाँध लिया, संकीर्ण सोच के घेरे में।
क्यों खुद का लक्ष्य है ढूँढा तुमने, सुंदर शरीर और चेहरे में।।
मेकअप करना और रील बनाना, ये तो आज का फैशन है।
इस फैशन को ही तो निभाने, हमारा युवा पूर्ण मग्न है।।

जीवन का सर्वोत्तम ये क्षण, मत इस तरह बर्बाद करो।
ये नहीं मूल अपनी संस्कृति का, थोड़ा तो स्वयं विचार करो।।
विद्या तो विनय सिखाती है, बेशर्मी और अभिमान नहीं।

तुम स्वयं भविष्य की निर्माता पर अभी तुम्हें ये भान नहीं।।

****

21. दहेज

शुरू हो चुकी है नवधारा, आज नई जागरूकता की |
तज के गलत प्रथाओं को, शुरुआत करें नई एकता की ||

एक ऐसा दानव है समाज में, जिसको हम सबने देखा है |
शुरुआत भले ही ना देखी हो, पलते बढ़ते तो देखा है !

कड़वा तो है पर सच है यही, हमने ही इसको पाला है |
दहेज रूपी इस मकड़ी का, हमने ही बनाया जाला है ||

ये दहेज रूपी वृक्ष तो, हमने ही समाज में लगाए हैं |
शादी में इतना सारा खर्चा, इसकी ही शाखाएँ हैं ||

जो सक्षम है सब देने में, उसको तो कुछ नुकसान नहीं |
पर उसी समाज का गरीब वर्ग; उसका झुकता सम्मान वहीं ||

वो चाहे भी तो अपनी बेटी का ऊँचा रिश्ता सोच नहीं सकता |
डॉक्टर, इंजीनियर के घर की तो वो चौखट तक से है डरता ||

अगर समाज आगे आकर, इस कुप्रथा की कड़ी तोड़ेगा |

तब विवाह अलौकिक उत्सव होगा, जो परिवारों को प्रेम से जोड़ेगा ||

****

www.ingramcontent.com/pod-product-compliance
Lightning Source LLC
La Vergne TN
LVHW050821051026
849532LV00008B/3058
9789375435815